Círculo Rojo
EDITORIAL

Poesías y relatos
EN PROFUNDIDAD

Poesías y relatos
EN PROFUNDIDAD

Jose María Sabatés Pérez

Círculo Rojo
EDITORIAL

Primera edición: noviembre 2024

Depósito legal: AL 3550-2024

ISBN: 978-84-1097-169-1

Impresión y producción: Editorial Círculo Rojo

© Del texto: Jose María Sabatés Pérez
© Maquetación y diseño: Equipo de Editorial Círculo Rojo

Editorial Círculo Rojo

www.editorialcirculorojo.com

info@editorialcirculorojo.com

Impreso en España - Printed in Spain

HOY

Abandona el pasado porque es
pretérito y la posibilidad de
recuperarlo se antoja imposible.

No te adelantes al mañana porque
estamos en tiempo presente, y el
presente es hoy y hoy es vida y la
vida es como la hierba, crece
continuamente y se encargará de
traerte el futuro, y cuando te llegue,
volverás a estar en tiempo presente.

Por tanto, vive hoy, vive la vida
aunque sepas que es prestada.

DESILUSIÓN

Esa sensación de vacío que se queda en el cuerpo cuando alguien invade tu espacio, se mete en tu vida, la destroza y desaparece... Un cabreo monumental se apodera de ti por no haber sabido interpretar una relación amorosa con un comportamiento poderosamente egoísta y cruel.

Por fortuna, llegó ese momento llamado de no retorno, cerrando así toda posibilidad de acercamiento.

Si hubieras conocido la humildad, disfrutarías de un gran futuro.

PASA UNA MUJER

Pasa una mujer con paso firme,
que no se rinde, decidida a olvidar
viejos fantasmas que rasgaron su
alma.

Pasa una mujer cargada de
sentimientos, recordando aquellos
amargos momentos que conserva
para sí.

Pasa una mujer madura,
emprendedora, viajera y luchadora
que no obedece normas, dispuesta
a encontrar un futuro ilusionante
que ponga fin a sus aventuras.

Pasa una mujer caminando junto
al mar, buscando la ocasión de
sumergirse en un baño balsámico
que cure las heridas que marcaron
buena parte de su vida.

Mujer, intenta no detenerte; al final
del paseo te espera la suerte.

OTOÑO

Al atardecer del día y aprovechando
el crepúsculo, decidimos dar un
paseo por el bosque observando
como las hojas de los árboles
danzaban al ritmo de sus folklóricos
colores y las hojas secas formaban
una alfombra que mostraba los
lugares más mágicos.

Todo era un festival de tonos
cálidos que aportaban sosiego a
nuestro recorrido, cuando una
silenciosa brisa nos recordaba con
puntualidad suiza que el otoño se
ha instalado sin ninguna prisa.

RECUERDOS

El pasado jamás se olvida,
siempre permanece en
la sombra, y, de
repente, se te

llenan los ojos de
lágrimas al
descubrir que los

recuerdos jamás
desaparecieron, continúan
permaneciendo
en tu mente.

LOS PODEROSOS

El sistema capitalista gestiona
junto con los países más ricos la
economía mundial mirando de
reojo la pobreza inquietante del
tercer mundo, sin hacer nada eficaz
para combatirla.

La presencia de la televisión es un
escaparate de ilusiones irresistibles
que acentúan cada día más la
miseria de los miserables.

Los sueldos que perciben
banqueros, políticos y monarquías,
entre otros, los desconocemos,
pero obedeciendo publicaciones
periodísticas y puntuales, es injusto
y escandaloso, teniendo en cuenta
cómo malvive y muere gran parte
del planeta.

Hace falta un golpe encima de
la mesa para frenar la codicia de

todos los parásitos políticos, sin
excluir las monarquías enfermas de
sedentarismo y de una ostentación
bochornosamente provocadora,
exhibiendo su habilidad para
amasar fortunas, en voz alta y
burlando esas leyes apuntaladas e
invisibles, que no sirven para nada.

La honestidad es buena para quien
la practica; para los delincuentes,
resulta divertida porque la
desconocen.

LA PAZ

Con excesiva preocupación me
preguntas: «¿Qué diferencia existe
entre la alegría y la paz?».

Jamás podrás disfrutar de la alegría
si no conoces la paz. La paz guarda
mucha relación con la guerra.

La paz es el resultado de la victoria.
La paz es exigente y reclama una
lucha continuada.
Sin lucha no podrás tener paz y, si
llega, será insuficiente.

La paz te hace vivir en plenitud.

FRACASO

Cuando percibes que no te
estiman, es fácil descubrirlo
aunque no te lo digan; lo
notarás en lo más profundo
de tu alma porque el desamor
y la indiferencia jamás pasan
desapercibidos, se hacen notar
para que nos sintamos heridos.

La soledad, algunas veces, es mejor
que una segunda opción de otras
gentes.

LA TIERRA

Y un día, por casualidad,
descubrimos como nuestra piel
enrojece y se quema por la acción
del sol que ilumina y abre el día
con su resplandor.

También encontramos la luna,
que nos vigila con una luz blanca y
menor, y las estrellas, ese ejército
luminoso que emite un brillo
intenso que nos acerca el cielo.

Sin olvidarnos del aire, el agua
transparente, el fuego purificador
y, cómo no, la madre tierra, que
abastece y sustenta nuestras vidas,
aumentando el amor y cuidados
hacia las maravillas que nos ofrece
la naturaleza.

Por eso, no hacen falta
momentos inusuales para que los
acontecimientos cotidianos nos
resulten maravillosos.

ME GUSTA

Me gustan las cosas sencillas y
fáciles de entender.

Me gustan las pateras vacías
de migrantes y las condenas
a perpetuidad de los políticos
asesinos y mafiosos que acaban con
las vidas de refugiados inocentes.

Me gustan los edificios llenos de
inquilinos, celebrando la ruina de
los inversores prostituidos por la
codicia.

Me gusta un presente con futuro,
un amor que me robe el tiempo y
un jardín que alegre nuestro espacio
sin que lo maltrate el viento.

Me gustan los días lluviosos, los
vecinos charlando en la calle y las
noches llenas de ti.

Por una vez, seguro, la injusta
justicia reparará parte de lo sufrido
por esas mafias.

CONDUCTAS

No te obsesiones con amasar
riquezas porque continuarás siendo
igual de pobre.

Intenta no crearte más necesidades
que las justas. Alégrate de todo
cuanto dispones para poder llevar
una vida digna.

La pobreza no consiste en no
tener, sino en vivir desprendido y
renunciar con valentía al dominio
de las cosas. Por eso, hay pobres
que realmente son ricos y al revés.

IRONÍA

Agradezco tu sinceridad por aclararme que jamás me abandonarás. Tardé un momento en reaccionar porque siempre imaginé tus bromas divertidas y llenas de ingenio.

La ironía es una forma elegante y cruel de ofender; por eso, tus bromas están llenas de burla firme y disimulada.

SEQUÍA

La espesura de los bosques llora;
las plantas también llorarán, los
árboles distorsionarán su desarrollo
y la vegetación suplicará ayuda para
frenar su desaparición.

Nubes, abrid vuestros lagrimales,
derramad con fuerza el llanto que
atesoráis con el propósito de aliviar
la tierra; sanead montes, mejorad la
biosfera y rebrotad cultivos.

Mientras aguardamos la lluvia,
las semillas a punto de nacer
lloran su aparición por temor a no
fructificar.

Es preciso que llueva abundantemente; que nos empapemos para dar alegría a los campos; los trabajadores festejen ese acontecimiento y dejen de mirar al cielo suplicando agua, y si lo hacen, que sea por la alegría de dejar atrás esa maldita sequía.

RUPTURA

Traté de encontrar un gesto
incorrecto para decirte adiós, pero
me pudo más el formalismo que
exhibir un tono maleducado y soez.

Por eso, no hablaremos más de
amor y de poesía ni buscaremos
ningún movimiento mágico para
no coincidir en algún lugar que
también pudiera ser mágico.

Solo así, separando nuestros
caminos, aprenderemos a vivir.

PROPOSICIÓN

Me gustaría encontrar un espacio
amplio donde poder enterrar
las miserias; un lugar para que
las conductas y errores queden
olvidados; un sitio concreto,
guardado bajo secreto en el que las
ilusiones, junto al silencio, crearan
ese ansiado entorno que ponga fin
a tanta violencia y crueldad.

Transcurrido algún tiempo,
contemplo la necesidad de vaciar
de mi memoria las historias que
destruyeron nuestro pueblo, para
dar paso a la solidaridad, la justicia
y la paz.

DESPEDIDA

Pasado algún tiempo
y, cuando llegue
el momento
de decirnos

adiós, haremos
un último esfuerzo
para justificar
nuestro inútil
aprendizaje.

EL SACO DEL SILENCIO

Era pesado el saco del silencio,
contenía tantas penas y verdades
que resultaba imposible levantarlo.
Con esfuerzo, logramos situarlo
en una superficie llana con el
propósito de desanudarlo.

La curiosidad se confundía con el
temor a encontrarnos sorpresas,
propias del régimen fascista que
gobernaba esta parte del mundo.

Conseguimos abrirlo y en su
interior descubrimos montones
de ceniza, pertenecientes a
compañeros fusilados. Junto al
petate se conservaban unas semillas
dispuestas para germinar y, así,
perpetuar ese patriotismo criminal
y vengador nacido de la dictadura
más insufrible y sangrienta de parla
hispana.

Una vez finalizada nuestra tarea,
cargamos con el saco vacío y
comprobamos que su peso no
disminuyó, porque se ideó para esa
misión.

Su interior despedía un fétido hedor
a odio, mucho odio, tal vez
demasiado, y a un sufrimiento muy
cruel para un pueblo que jamás
salió de la miseria.

HURTO

Me cuentan que te robaron, que
se llevaron todo cuanto tenías,
incluso lo que no era tuyo. No
llego a imaginar el disgusto que se
apoderó de ti, pero… ¡¡ya pasó!!
Todo cuanto perdiste lo recuperarás
con trabajo porque lo material y
pasajero se repone.

Pero intenta que no te roben el
alma, ese lugar donde guardas los
secretos de tu corazón: el amor,
los valores y virtudes que atesoras
y que marcarán el recorrido de tu
existencia.

EL TIEMPO VUELA

Y pienso que los años van pasando,
que los calendarios cambian de
formato, que la crisis devora a los
de siempre y la masa del pan es
congelada. Nada es igual, todo ha
cambiado. Y, mientras continúas
cuidando de los tuyos, el paso
del tiempo te va deteriorando,
inclinando tus hombros hacia
adelante, acortando tus pasos y
proyectando tu aspecto al de una
persona más mayor.

Anda, mujer, dedícate un tiempo
para ti; mírate al espejo, lávate
la cara, péinate, ponte guapa
y perfúmate como si fueras de
fiesta, que nadie note tus penas y
sufrimientos.

Sal a la calle y saluda al mundo;
disfruta cuanto puedas sin mirar
el reloj y procura olvidar los malos

tratos; te sentirás mejor y
encontrarás la felicidad que te
negaron durante muchos años.

Deja en el olvido todo el dolor que
has sufrido.

VIDA

Aunque sea lentamente, sé que
llegará ese día que iré perdiendo los
sentidos, y en ese momento, cuando
se haga presente, me sentiré perdido

y permaneceré completamente
ausente, como dormido, para no
recordar a nadie los desprecios y
abandonos que he sufrido.

La fortaleza contribuyó a no
perderme en el camino.

PENSAMIENTOS

Intento pensar y compruebo que
hay muy poco que pensar; lo malo
es peor, lo bueno mediocre, lo
normal pésimo y lo que destaca me
confunde.

Por eso, se pone en alerta el pobre
interés que ofrecen los libres
pensadores y los escritores de media
pluma.

Todo esto me ha llevado a adoptar
una actitud contestataria frente
a los intelectuales fracasados que
asoman la cultura a una sociedad
precaria con objeto de recuperar una
generación huérfana de principios
morales y, en algunos casos,
abocados al fracaso.

Con trabajo, pienso que la juventud
que crece entre ordenadores se
inclinará por tomar los libros para
llenar ese vacío de escolarización que
durante tiempo las tecnologías y las
instituciones les negaron.

BARRIO CHINO

Barrio mío, hace tiempo que no te
visito, pero no creas que me olvidé de
ti, formas parte de mi vida y guardas
mis secretos en silencio.

Hoy he decidido ir a saludarte y
he quedado sorprendido frente a la
transformación que te han sometido.

Sabía que querían acabar contigo,
destruyendo nuestras casas y las
estrechas calles que formaban parte
de la cultura del barrio. Te han
cambiado la imagen vistiéndote
con edificios de nueva planta e
intentado borrar tu nombre por
otros muy cursis, pero no han
conseguido eliminarte; conservas
tu encanto *vintage* y el carácter
canalla y burlesco.

Tu trabajo era brillante, vigilabas
y cuidabas de tus vecinos como
si fueran tus amantes: putas,
macarras baratos y delincuentes de
medio pelo. Con el cambio, te han
invadido mafias orientales que se han
adueñado de esos lares.

La modificación es patética, pero, a
pesar de todo, continuarás siendo mi
barrio: el chino, el más carismático
de la ciudad.

FIDELIDAD

Tal vez mi amistad no sea la
mejor, la que deseabas, pero
jamás te daré la espalda en
los momentos más difíciles,
porque ahí es cuando aparecen
los sentimientos de afecto que
conducen al amor.

El amor no se oye, se siente y
no hay que proclamarlo, tienes
que demostrarlo con ilusión y en
silencio.

A ESA SEÑORA

A esa señora madura y elegante
que tiene prisionera mi cordura
y bloquea mi mente cuando la
tengo delante, le agradezco:

su amistad discreta y cercana, su
carácter amable, su mirada limpia,
sus manos enlazadas con las mías
esperando la llegada del nuevo día.

Le adeudo muchas cosas y otras
tantas que por no tener cabida
jamás se olvidan. Por mi parte,
le brindé mi pequeño universo
junto a un verso enamorado que
animaba nuestros encuentros y un
abrazo especial que se quedó muy
adentro.

Esos bellos momentos vividos
permanecen guardados en nuestra
historia de amor, que es un regalo
del cielo y un canto a la alegría.

SUEÑOS

Deseaba seguir soñando con
aquellos abrazos que no tenían fin
y que culminaban con la aparición
del alba.

Soñaba con amarte para siempre y,
al despuntar el día, notar cercana
tu compañía y que cada amanecer
se convirtiera en un examen de
anatomía, estudiando nuestros
cuerpos y haciendo una puntual
parada allí donde se encuentran
nuestras miradas.

Creí que continuaba dormido, ya
que los sueños complacen muchas
ilusiones que la realidad nos niega
y en ocasiones dan vida a nuestras
fantasías. Y si los sueños sueños son,
merece recrearse en ellos por si al
despertar te sorprendes por que para
alguien también tú fuiste un sueño.

OCURRENCIAS

Cuando el sol desaparezca
del cielo y el día se acorte
alarmantemente.

Cuando la lluvia inunde mi alma,
no encuentre consuelo y pierda la
calma.

Cuando el tiempo abrevie mis
pasos, desgaste mi vista y en las
noches no encuentre salida a mis
miedos y dudas, buscaré junto
a las estrellas el camino que me
conducirá a una nueva primavera,
donde me espera una acogida
favorable y placentera.

AMOR FRÁGIL

Hay días que parecen calcados,
todo sigue igual hasta que una
tarde aparentemente tranquila
notas como el silencio te habla
para que entiendas el fracaso de tu
relación surgida de la nada.

No me arrepiento de haberte
amado, me ofreciste amor y
descubrí detalles que desconocía,
pero entendí que no siempre
aquello que amamos nos
pertenece. Si estuve contigo fue
porque creí que era lo mejor
para los dos, pero nuestras
diferencias acabaron por dejarnos
abandonados en el camino.

FOTOGRAFÍAS

Acabo de mirar tus fotografías
sabiendo que no sería bueno para
mí; aun así, las vi creyendo que,
aunque fuera por un momento,
notaría el aroma del perfume que
anunciaba tu presencia y llenarías
el vacío que motivó tu ausencia.

Pero no fue así, esa ilusión no
superó la prueba y desperté
confundido, y ahora entiendo
por qué siempre estás en mí y tus
recuerdos me obligan a rememorar
nuestro pasado: escuchar viejas
canciones de la época, alargar el
cubata de garrafa discotequero y
detalles que alegraban las tardes.

Al reaccionar, comprendí que
todo fue un sueño lúcido y situé
cada cosa en su lugar para seguir
mi camino.

Porque ahora estás lejos, muy
lejos, demasiado. ¡¡¡MÁS QUE
NUNCA!!!

DUDAS

Pasado algún tiempo y después de
comprobar que nuestra relación
está deteriorada, las discusiones
son diarias y nuestro compromiso
no conduce a nada

porque el amor ha retrocedido
cuesta arriba, la mente débil, la
boca seca y sin salida.

A pesar de todo, abriremos nuestros
corazones para aclarar las dudas,
ampliar sensaciones y liderar un
bonito espacio lleno de ilusiones.

¡¡No queda otra!!

ES POSIBLE

Es posible que con el paso del tiempo
el mundo empiece a ser más humano
y llegue a entender que, ante tanta
represión, la gente se quede en casa
en lugar de salir a defender sus
derechos.

Es posible que muchos
desinformados dejen de votar lo que
votan y volvamos a quedarnos en la
casilla de salida.

Es posible que dejen de morir
personas inocentes por el hecho de
haber nacido en la otra parte del
océano.

Es posible que las ONG dejen de

utilizar las TV y los medios para solicitar ayudas y que algún día devuelvan este gesto publicando con detalle el porcentaje que dedican de los donativos a las urgencias más exigentes y los sueldos que perciben los voluntarios; es posible, pero negocios opulentos neutralizan cualquier intento solidario. ¡¡Hay mucho en juego!!

Es posible que un bombardeo despistado y encolerizado acabe con esos golfos y criminales políticos; puede ser, sería un alivio y una victoria, aunque lo veo ¡¡¡MUY DIFÍCIL!!! En serio, pero no imposible.

EL DÍA DEL ADIÓS

El momento de abandonar este
mundo aparecerá por sorpresa, sin
avisar, sin hacer ruido. No
permitirá despedirnos y nos
iremos cuando menos lo
esperemos; sin un adiós, sin un
abrazo, sin pedir perdón…

Jamás consideramos ese día y en
cualquier instante podemos perder
la vida, mientras la desperdiciamos
amontonando riquezas y cosas
sabiendo que nada nos llevaremos.
A veces, al salir de casa, lo
hacemos de mal humor, sin decir
nada y sin pensar que quizá ese
fue tu último adiós.

Organizamos planes sabiendo que no se cumplirán, vamos dejándolo todo para después sin encontrar el mejor momento que bien pudiera ser hoy; no lo sé, pero antes que nada quiero agradecer todo cuanto encontré en mi camino; pedir perdón por todo el daño y quebranto que ocasioné, a veces, intencionadamente.

Aprenderé a saber perdonar a todos solo por amor, porque para amar hemos sido creados.

GÉNESIS

La tierra se queja porque la paz
se aleja. Las grandes potencias la
invaden para expoliar sus riquezas
y recursos naturales mientras los
pueblos lloran su incapacidad para
detener los continuos despojos.

Por asfixia de los poderosos, llegará
el día que las guerras y el terrorismo
se destruirán por sí mismas porque
el momento está muy cercano
y el mundo reaccionará furioso,
poniendo fin a todo lo creado.

Será entonces cuando entraremos
en una nueva creación y veremos
el perro y el gato jugando todo el
rato, el sapo y la rana desayunarán
juntos cada mañana y el león y el
tigre serán libres.

Pero cuando veáis a un
niño jugando con un lobo,
introduciendo la cabeza en su
boca, algo está ocurriendo, la
tierra no se equivoca y nuestro
asombro irá de boca en boca,
viendo el nacimiento de un nuevo
universo donde todo será distinto;
nadie temerá nada, la paz brillará
desde el cielo para que la felicidad
y la alegría contagien nuestras
vidas y formemos un mundo más
humano y con más futuro.

EXTERMINACIÓN

Por lo que se ve, parece que estas
cuestiones que los gobernantes
prudentes llaman conflictos y que
todos conocemos como guerras no
contemplan su final.

Mientras tanto, los crímenes
contra la humanidad van en
aumento, festejando sus victorias
los países criminales de siempre
tras lograr unos objetivos
innecesarios.

Recuerdo que he pasado muchos
episodios como estos y puedo
correr el riesgo de acostumbrarme
a vivir con ellos, viéndolo como
una cosa normal. Por eso, no
quiero tapar mis oídos a los
bombardeos, cerrar los ojos a
tanto terror y disimular mi tristeza
para silenciar la miseria que
ocasiona el dolor.

Basta de jugar a la guerra, enterrar el armamento mientras los pueblos se inundan de sangre, las casas han desaparecido y los supervivientes mueren de hambre.

Como siempre, aparecerá un malnacido para ser nominado al Nobel de la Paz.

¡¡¡MALA LECHE LA DE LA ORGANIZACIÓN!!!

LLORA, HOMBRE

Me he dado cuenta de que tienes
ganas de llorar; llora, hombre, que
los hombres también lloran, que
llorar te hará ver con nitidez y de
una vez todas tus preocupaciones
y, aunque dignificar tu parte
amable es necesario, no te ayudan
tus comentarios.

Por cuanto sé de ti, estás cansado
de soportar un gran vacío humano,
desprecios y un olvido que
reclama amor. Todo eso es el
peaje excesivo que estás pagando
por unos episodios desagradables
que dejaste atrás. Si en ocasiones
aparece el llanto, llora, hombre,
que los hombres también lloran.

Ya pasó todo y, aunque te duela el corazón, te aconsejo que no pienses más en ello, date una oportunidad de paz en tu interior porque has luchado con firmeza y arrepentimiento. Si tienes ganas de llorar, hazlo, pero esta vez, que sea de alegría y en silencio.

HASTA LA VISTA

Nuestra aventura no estaba
destinada al éxito, solo la pasión
y el respeto la mantenían por
momentos.

Veníamos de posiciones muy
alejadas; tu aparente situación
dineraria se presumía abundante y
caprichosa, todo lo contrario a lo
que podía ofrecerte. Tu afición por
los detalles caros me incomodaba;
me resultaba obscena porque creo
en las cosas sencillas y útiles, en
ellas se encuentra la felicidad.

También cultivabas un carácter
arrogante para salvar tu falsa
apariencia.

Cometimos errores que nos llevaron
hasta aquí, este lugar donde el
fracaso festeja nuestra ruptura.
Ahora, desde la comodidad,
me conformo con el intento de
recordarte en sueños.

Hay que saber a quién
herimos, no todo el mundo es
reemplazable.

DISTANCIA

El silencio se alarga.

La distancia se aleja.

Nuestro amor se relaja.

Nuestras almas se quejan.

La lejanía no aumenta el amor.

Provoca desconfianza y mucho

dolor.

Te quiero muy cerca.

Cuanto más, mejor!!

ALGODONALES

Al llegar el verano, he decidido
salir de la ciudad para tomarme
unos días de descanso. Marcharé
al sur de Andalucía, donde todo
respira hospitalidad y alegría.

Es un lugar privilegiado situado
en la provincia de Cádiz,
teniendo como decorado la sierra
y como aliciente sus montañas,
las mañanas soleadas y unos
atardeceres llenos de placeres. Las
casas van uniformadas de blanco
que causan el encanto de los
visitantes, incluido el fuerte viento
de levante.

He quedado maravillado con las
costumbres y el buen trato de sus
gentes, que hacen de este rincón
andaluz un lugar preferente.

AMOR

Esos buenos momentos que no escapan de mi mente; esa actitud bondadosa que supera todas las cosas; esa sonrisa que proclamas valiente frente a toda adversidad; esos gestos sencillos y prudentes que me animaban a compartir toda clase de suerte.

Todo eso era amor que desprendía tu corazón, motivando en mí una actitud serena frente al dolor. Por eso, mientras rastreo nostálgicos recuerdos, pienso en si la atención que te ofrecí fue correcta; el miedo me impedía conocer detalles sobre tu salud, el pánico se apoderó de mis sentimientos hasta que llegó el día menos esperado: tu prematuro adiós.

Te fuiste en silencio, sin ruido, sin
querer molestar, dejándome
tu amor infinito y tu permanente
huella, que siempre me
acompañará.

NOSTALGIA

No fue ayer, han pasado varios
años desde que nos dejaste y,
cada vez que veo tu espacio
vacío, imagino tu imagen en un
dibujo. La añoranza me rompió
el corazón, pero mis sentimientos
permanecen vivos.

Recuerdo aquellos momentos
cuando las lágrimas reforzaron
nuestra historia, dándome motivos
para afirmar que el tiempo no podrá
borrar ningún recuerdo y el olvido
cubrir de niebla la distancia que nos
separa.

Hago un brindis por la vida que
disfrutamos, por todo lo bueno
que fuimos capaces de crear y lo
malo que no supimos detectar.

REPROCHES

No quiero olvidar tu paso junto
a mí ni los momentos convividos
que ahora están muy lejos por no
haber sabido avanzar los dos
juntos sin normas ni fronteras.

Ahora, solo queda el recuerdo de
aquel amor oscurecido por la falta
de interés extremo del que fuimos
actores y unos episodios de celos
que acababan muchos días con
nuestra moral por los suelos.

Con mucha imaginación, seguiré
esperándote en un retorno
incierto.

CREENCIAS

Mientras, el pueblo apostaba
por saber si nació aquí o en otro
lugar; si tenía tantos o menos
años cuando lo mataron; si era
cierto los panes y los peces, que si
estaba casado y si su vuelta estaba
cercana.

Un día, me tomó de la mano
cuando más sufría y me enseñó
a ser agradecido por las cosas
más insignificantes; que llorar
es necesario y acostarme con la
conciencia tranquila. Aprendí
a quererme y al que tengo al
lado; escucho su voz en las cosas
cotidianas y comprobé que
los milagros existen, que si no
perdono me convierto en un
fracaso y que, para perdonar,
primero tengo que perdonarme;

que no siempre se recibe bien por bien, pero que actúe bien a pesar de todo.

Me dijo que solo vengo por un tiempo y ocupo un lugar pequeño y que sea feliz y me esfuerce por compartir mi luz con mi sombra y que, aunque dude y tenga miedo, confíe, ya que esa es la fe: confiar en él a pesar de mí.

Lo conozco bien, su nombre es JESÚS.

DESAGRAVIOS

Como si se tratara de un arresto,
me refugio en un rincón de casa
abandonado a mis pensamientos,
donde adivino tu presencia.

Correctos esos detalles que
eliminan el poder de la soledad y,
encorsetado en el sillón, escucho
aquella bella canción con la que
descubrimos el amor.

Me envuelve el ambiente rancio,
propio de la época, y me supera la
añoranza de nuestros versos que
guardamos en secreto.

Estoy desorientado y, aunque
el presente continúe pasando,
también yo seguiré pasando, sin
olvidar el pasado.

ORIENTE

El mundo oriental permanece casi
siempre en guerra, desahuciados
de sus casas y sus tierras. Muy
lentamente y obligados por las
grandes potencias, inician un largo
camino de renuncias y silencios
porque el mundo no reacciona, mirando hacia otra parte
con una
actuación desesperante.

De todos los sufrimientos, este es
el más oscuro, el más castigado
por la pobreza y la miseria en
una injustificada guerra que ha
conducido al exterminio humano
más cruel.
Tenemos que acabar con estos
genocidios escrupulosamente
preparados para conocer la
devastación y crímenes de guerra
que han cometido en esas tierras.

Hay que buscar un ámbito de

luz que no comprometa más
vidas, un futuro próspero y
seguro, y alianzas que cambien
la desigualdad en el mundo;
donde los ataques no ahoguen los
movimientos de paz y consigan
una convivencia digna y duradera.

EL TREN

Dices que perdí el tren, uno de esos que pasan una sola vez en la vida y es la última oportunidad para alcanzar tus propósitos.

Quizá tengas razón, me distraje y cometí un error de aprendizaje; pero no, no perdí el tren, lo dejé escapar para reflexionar sobre mis dudas.

Observaba que tu alejamiento iba en aumento, permitiendo unos encuentros más distanciados y lentos hasta que pusieron fin a nuestra aventura, recuperando así mi libertad más pura.
Me hiciste llorar, pero si supieras lo feliz que me siento, no me hubieras hecho ese favor.

SEMANA SANTA (Pandemia)

Dicen que no habrá Semana Santa
cuando lleva varios días llamando
a la puerta.

Sí se celebrará, pero de manera
diferente. No escucharemos las
juergas salvajes de la gente, resultan
muy irreverentes. Veremos desfilar
los pasos; esta vez, devotamente y
en silencio, sin flores ni decenas
de velas para ver a Jesús del Gran
Poder.

Habrá Semana Santa mientras
existan personas bondadosas
dispuestas a cuidar a pobres,
enfermos, indigentes y más;

cuando valoremos el esfuerzo de
médicos y sanitarios para salvar
las vidas de los que sufren una
situación crítica y cuando la
justicia acabe con la esclavitud y la
maldad.

Si viviendo este ambiente se
escucha a alguien que canta, es
para recordarnos que estamos en
Semana Santa.

AL ATARDECER

Fue un viernes gris, alrededor
de las seis de un invierno largo y
húmedo, cuando nos encontramos
en aquel apartamento pequeño
pero acogedor, donde se notaba el
calor de cada rincón.

Al estar solos, noté un impulso
que me hizo perder la razón, la
fuerza de tu mirada me acorralaba
y un aliento excesivo me tomó la
mano para seguir a tu lado y
descubrir tus caminos, más allá de
los sentidos.

Todo fue maravilloso y, al finalizar
la tarde contemplando tus ojos
cercanos y sin rubor, entendí que
habíamos creado un poema de
futuro, lleno de amor y muy seguro.

MOMENTO MÁGICO

Qué hermoso es observar
cómo la noche cede el
paso al día,

sin mirarse y en silencio,
permitiendo que amanezca
y que el sol ilumine los

pueblos, dando confort
y vida para soportar el frío
invierno de cada día.

FUTURO ROBADO

Cuando en el cielo apareció el fuego
del infierno oscurecido por el humo
de los bombardeos, lloré. Lloré
por las víctimas inocentes que se
esconden bajo los escombros, donde
se amontonan mujeres, niños y
ancianos llevados de la mano.

Lloré por los cuerpos sepultados y
por los desaparecidos, sin esperanza
de ser recuperados y reconocidos.
Ahora, rezo por la multitud de
muertos que carecen de una morada
digna para recibir sepultura y el
homenaje de sus gentes en una
imposible despedida.
¡¡MALDITAS SEAN LAS GUERRAS!!

Índice